# O INCRÍVEL LIVRO DE RECEITAS DE CAFÉ

100 receitas incríveis para criar magníficos cafés únicos e divertidos que vão impressionar amigos e familiares

Márcia Azevedo

© COPYRIGHT 2022 TODOS OS DIREITOS RESERVADOS Este documento tem como objetivo fornecer informações exatas e confiáveis sobre o tema e a questão abordada. A publicação é vendida com a ideia de que o editor não é obrigado a prestar serviços contábeis, oficialmente permitidos ou de outra forma qualificados. Se for necessário aconselhamento, legal ou profissional, um indivíduo experiente na profissão deve ser solicitado.

De forma alguma é legal reproduzir, duplicar ou transmitir qualquer parte deste documento em meio eletrônico ou em formato impresso. A gravação desta publicação é estritamente proibida, e qualquer armazenamento deste documento não é permitido a menos que com permissão por escrito do editor. Todos os direitos reservados.

**Aviso de isenção de responsabilidade,** as informações contidas neste livro são verdadeiras e completas até onde sabemos. Todas as recomendações são feitas sem garantia por parte do autor ou da publicação da história. O autor e o editor se isentam e se responsabilizam em relação ao uso desta informação

## Sommario
INTRODUÇÃO .................................................................. 5
RECEITAS DE CAFÉ ......................................................... 6
   1. Café beduíno ............................................................ 6
   2. Doce de Leite e Torta de Café ................................. 8
   3. Bolo de Chocolate e Café ....................................... 10
   4. Latte de cardamomo de inverno e canela ........ 13
   5. Bolo de Banana com Chocolate ........................... 15
   6. Café com leite .......................................................... 16
   7. Café com leite caseiro ............................................ 18
   8. Café irlandês ............................................................ 19
   9. Banana com café com chocolate ......................... 20
   10. Café caramelado ................................................... 22
   11. Café com leite ........................................................ 24
   12. Café com cardamomo ......................................... 25
   13. Expresso frio ......................................................... 27
   14. Mocha gelado e shake de menta ...................... 28
   15. Café rum com creme ........................................... 30
   16. Receita de Café Doce ........................................... 32
   17. Creme de Café Bávaro ......................................... 33
   18. Café Gelado com Sorvete ................................... 35

19. café gelado com coco e caramelo................... 36

20. Shot de Cappuccino com Baunilha e Sal...... 38

**RECEITAS DE BOLOS** ......................................... 39

**VEGETARIANO** ...................................................... 98

**LANCHES** ............................................................. 152

CONCLUSÃO ........................................................ 190

# INTRODUÇÃO

O café é uma das bebidas mais consumidas pela manhã, após as principais refeições, ou à tarde para acompanhar um lanche ou simplesmente para afastar o sono e a preguiça.

A bebida tem efeito termogênico e ajuda na perda de peso, além de ajudar a combater dores de cabeça, estimular o sistema nervoso, aumentar a capacidade de aprendizado e até prevenir doenças como diabetes e Alzheimer.

Além disso, os fãs da bebida terão o prazer de saber que todas as variedades do feijão podem ser usadas em pratos doces e salgados e em uma grande variedade de receitas. Com isso em mente, compilei uma lista das melhores receitas de café para você experimentar imediatamente!

# RECEITAS DE CAFÉ

## 1. Café beduíno

**ingredientes**

- 750ml de água
- 2 colheres de chá de cardamomo moído na hora
- 1 colher de chá de canela em pó
- 1/2 colher de chá de gengibre fresco ralado
- 8 colheres de chá de mocha moída na hora
- 2 colheres de açúcar

**preparação**

1. Para o café ao estilo beduíno, coloque as especiarias e o gengibre em uma panela. (A cafeteira típica com alça é melhor para isso.)
2. Agora adicione água e deixe ferver. Reduza o fogo ao mínimo e tampe a água (para que não evapore demais) cozinhe por 10 minutos.
3. Adicione o mocha e o açúcar, mexa uma vez e deixe o café ferver, tampado, por 5 minutos. Despeje em tigelas pequenas e sirva.

## 2. Doce de Leite e Torta de Café

**Ingredientes (massa)**

- 200 gramas de biscoito maizena triturado
- 100 gramas de manteiga
- ½ xícara de café Pimpinela Golden coado quente
- 1 colher de chá de fermento químico

**Preparação**

1. Pré-aqueça o forno a 180°.
2. Derreta a manteiga no café e incorpore aos poucos com o biscoito triturado já misturado com o fermento. Forre uma forma de aro

removível (20 cm de diâmetro) até uma altura de 1/2 cm. Asse por 30 minutos.
3. Retire e espere esfriar.

## 3. Bolo de Chocolate e Café

**Ingredientes**

*Bolo:*

- 1 3/4 xícaras de açúcar refinado ⬜ 2 ½ xícaras de farinha
- ½ xícara de cacau em pó 50%
- 1½ colheres de chá de bicarbonato de sódio
- 1½ colher de chá de fermento químico
- 1 colher de chá de sal
- 2 ovos grandes, temperatura ambiente
- 1 xícara de leite
- 1 colher de chá de vinagre
- 2 colheres de chá de baunilha
- 240 ml de café quente Santa Clara

- 1 xícara de óleo vegetal

*Cobertura:*

- 125g de manteiga em temperatura ambiente
- 1 xícara de cacau em pó 50%
- 2 ½ xícaras de açúcar de confeiteiro
- 2 colheres de café coado
- ½ colher de chá de baunilha

**Preparação:**

*Bolo:*

1. Aqueça o forno a 200 graus.
2. Unte e polvilhe com cacau em pó (ou farinha) uma forma de 33 x 23 cm.
3. Em uma tigela grande, misture o açúcar, a farinha, o cacau, o bicarbonato de sódio, o fermento e o sal, misturando bem. Adicione os ovos, leite, vinagre, baunilha, café e óleo. Misture tudo com um fuet, ou com um mixer de mão por 2 minutos. Coloque na forma preparada e asse por 30-40 minutos, ou até que um palito inserido no meio saia limpo. Deixe esfriar por 10 minutos antes de colocar a cobertura.

*Cobertura:*

1. Em uma panela média, derreta a manteiga em fogo baixo. Desligue o fogo e adicione o cacau. Ligue o fogo em temperatura média e cozinhe até começar a ferver. Desligue o fogo e adicione o açúcar, o café e a baunilha. Misture bem com um fuet. Deixe o glacê esfriar por 10 minutos até engrossar um pouco. Espalhe imediatamente em cima do bolo dentro da forma. Não deixe a cobertura esfriar demais ou dificultará a distribuição sobre o bolo.

## 4. Latte de cardamomo de inverno e canela

**ingredientes**

- 1 lata (s) de leite de coco (ou chantilly vegano)
- 6 vagens de cardamomo
- 2 pau (s) canela
- 160ml de café
- 100 ml de leite de amêndoas (ou leite de aveia)
- Preparação de canela (moída, para polvilhar)

2. Para o latte de cardamomo e canela de inverno, primeiro coloque o leite de coco na geladeira durante a noite.
3. No dia seguinte, retire o leite de coco da geladeira, retire o creme de coco endurecido

da lata e com cuidado, sem misturá-lo com o líquido, despeje em uma tigela gelada. Misture com um mixer de mão até ficar cremoso.
4. Coloque as vagens de cardamomo e os paus de canela em uma caneca grande e despeje o café acabado de fazer sobre eles.
5. Aqueça o leite no fogão em um nível baixo.
6. Peneire as cápsulas de cardamomo e canela, divida o café entre duas xícaras e misture com o leite quente.
7. Despeje 2 a 3 colheres de sopa de creme de coco em cada uma das xícaras e polvilhe o latte de inverno com cardamomo e canela com canela.

## 5. Bolo de Banana com Chocolate

**ingredientes**

- 2 bananas (bem maduras)
- 250ml de leite desnatado
- 300 gr de farinha de trigo integral
- 1 colher de chá de fermento em pó
- 1 lata de sal
- 50g de chocolate amargo
- 150 gramas de preparação de açúcar

1. Pré-aqueça o forno a 160°C.
2. Para o bolo de chocolate com banana, separe os ovos e bata as bananas com leite e gemas. Peneire a farinha com o fermento e o sal.

3. Rale e misture o chocolate amargo, em seguida, misture o purê de banana.
4. Bata as claras em neve e misture o açúcar. Deixe a clara de ovo deslizar sobre a massa de banana e dobre cuidadosamente.
5. Forre a assadeira com papel manteiga e adicione a mistura.
6. Asse o bolo de chocolate de banana em forno pré-aquecido a 160 ° C por uma boa hora.

## 6. Café com leite

**ingredientes**

☐ 150 ml de leite integral (3,5%)
☐ 1 preparação de café

expresso

1. Para o Caffè Latte, aqueça o leite em um batedor de leite elétrico e faça espuma. Despeje em um copo alto. Deixe o espresso escorrer diretamente no copo ou, se o copo não couber embaixo da máquina, despeje-o no copo usando as costas de uma colher. Isso cria as 3 camadas típicas!
2. Sirva o caffè latte com um pedaço de chocolate amargo ou biscoito (cantucci).

## 7. Café com leite caseiro

**Ingrediente**

- Café - 9 grãos
- Água - 30ml
- Leite gordo (3,5%, caseiro) - 150 ml
- Preparação de açúcar a gosto

1. Moa os grãos de café em um moedor de café.
2. Despeje o café moído na hora em um turco, despeje água fria.
3. Coloque o peru em fogo baixo, cozinhe até que a espuma comece a subir.

4. Assim que a espuma começar a subir, retire o café do fogo.
5. Aqueça o leite, mas não ferva! O leite deve ser aquecido (cerca de 80 graus).
6. Bata o leite até formar uma espuma aerada.
7. Despeje metade do leite em um copo com leite.
8. Coe o café por uma peneira em um copo. Despeje o expresso no copo em um fluxo fino ao longo da lateral do copo.
9. Coloque a espuma de leite preparada por cima. Coloque um canudo em um copo com uma bebida. O café com leite caseiro está pronto.

## 8. Café irlandês

**ingredientes**

- 100 ml de whisky irlandês
- 4 xícaras de café quente
- 3 colheres de açúcar mascavo
- 100 g de natas batidas
- açúcar mascavo para o preparo da guarnição

1. Aqueça bem o café, o uísque e o açúcar enquanto mexe e dissolva o açúcar, depois despeje em copos de vidro pré-aquecidos.
2. Bata levemente o creme de leite e sirva como cobertura sobre o café, polvilhado com um pouco de açúcar mascavo.

## 9. Banana com café com chocolate

### ingredientes

- 2 colheres de sopa de suco de limão
- 1 colher de açúcar
- 1 pitada de polpa de baunilha
- 1 banana
- 2 colheres de calda de chocolate
- 400 ml de café quente acabado de fazer
- 150ml de leite
- cacau em pó para polvilhar Passos de preparação

1. Ferva o suco de limão com o açúcar, a baunilha e 100 ml de água em uma panela. Descasque e pique a banana. Despeje na panela, cozinhe por 1-2 minutos e retire do fogo. Deixe esfriar um pouco e, em seguida, preencha 4 copos.
2. Misture a calda com o café e despeje cuidadosamente sobre as bananas, exceto 2 colheres de sopa. Aqueça o restante do café com o leite e misture até ficar espumoso. Despeje sobre o café e sirva polvilhado com um pouco de cacau.

## 10. Café caramelado

**ingredientes**

- 2 tâmaras (Medjool; sem pedra)
- 1 pitada de baunilha em pó
- 150 ml de leite (3,5% de gordura)
- 400 ml de café acabado de fazer

**Etapas de preparação**

1. Purê as tâmaras finamente com 2 colheres de sopa de água e baunilha. (Devido à pequena quantidade, isso funciona melhor com um mixer de mão em um copo que tenha um

diâmetro um pouco maior do que o topo do mixer.)
2. Coloque metade do purê de tâmaras em uma peneira pequena no copo e despeje o café acabado de fazer no copo. Faça o mesmo com o restante do purê de tâmaras.
3. Aqueça o leite em um pequeno jarro de leite e bata com um batedor de leite até ficar espumoso. Espalhe sobre o caramelo de café e sirva imediatamente.

## 11. Café com leite

**ingredientes**

- 250ml de café
- 250 ml de leite (1,5% gordura)

**Etapas de preparação**

1. Ferva o café, aqueça o leite e faça espuma com o mini quirl. Divida o café em 4 xícaras, despeje o leite e coloque a espuma com uma colher.

## 12. Café com cardamomo

**ingredientes**

- 200ml de leite integral
- 1 vagem de cardamomo
- 1 cacau em pó
- 400 ml de café acabado de fazer
- Açúcar a gosto

**Etapas de preparação**

2. Aqueça o leite com a cápsula de cardamomo prensada e o cacau e deixe em infusão por cerca de 10 minutos. Passe por uma peneira e

distribua metade do café entre as xícaras. Misture o restante com um batedor de leite e despeje sobre o café.
3. Sirva e adoce a gosto.

## 13. Expresso frio

**ingredientes**

- 40ml de expresso
- 4° cubos de gelo
- 60 ml de leite condensado (7,5% de gordura)

**Etapas de preparação**

1. Prepare o expresso de acordo com as instruções da embalagem. Imediatamente coloque isso no frio por cerca de 30 minutos.
2. Coloque cubos de gelo em um copo e despeje o espresso frio sobre ele.

3. Despeje lentamente o leite condensado no copo usando uma colher e sirva imediatamente.

## 14. Mocha gelado e shake de menta

**ingredientes**

- 600 ml de expresso forte
- 150g de açúcar
- chocolate de menta para decorar
- calda de chocolate com menta a gosto

**Etapas de preparação**

1. Dissolva o açúcar no espresso quente. Deixe o café esfriar, coloque-o no freezer e mexa vigorosamente por 2-3 horas aprox. A cada 20 minutos. Se o líquido consistir quase

inteiramente em cristais de gelo, bata uma vez com o mixer ou no liquidificador.
2. Tempere a gosto com calda de chocolate com menta. Encha a granita em 4 copos de vidro e sirva decorado com chocolate de menta

## 15. Café rum com creme

**ingredientes**

- 25 g de café moído grosso (4 colheres de chá)
- 150ml de natas batidas
- 4 unidades de açúcar torrado a gosto mais
- 160 ml de rum marrom
- raspas de chocolate para polvilhar

**Etapas de preparação**

1. Ferva 600 ml de água, coloque o pó de café em uma jarra pré-aquecida e encha com a água. Deixe em infusão por 5 minutos.

2. Bata o creme de leite até ficar espumoso. Enxaguar os copos com água quente, adicionar 1-2 cubos de açúcar com 4 cl de rum, deitar o café num passador de malha muito fina e colocar um pouco de natas em cada topo. Sirva polvilhado com raspas de chocolate.

## 16. Receita de Café Doce

**Ingredientes da receita de café doce:**

- 20g de calda de chocolate
- 20g de leite condensado
- 150ml de café Santa Clara acabado de fazer

**Misture tudo e aproveite!**

## 17. Creme de Café Bávaro

**Ingredientes para o creme de café da Baviera**

- 1 colher de café instantâneo
- 1 xícara de gelo picado
- 1 colher de sopa de cacau em pó (ou Chocolatto)
  ☐ ½ xícara de leite
- 25 ml de gelatina sem sabor dissolvida em 1 colher de sopa de água morna
- 4 gemas
- 1 colher de açúcar
- 1 xícara de chá de creme

**Como fazer a receita de creme de café da Baviera**

1. Em um liquidificador, coloque o café, a gelatina, o leite e bata até que tudo se dissolva.
2. Adicione o cacau/Chocolatto, o açúcar, bata novamente.
3. Por fim, adicione o creme de leite, as gemas e o gelo picado. Toque novamente. Coloque em taças e leve à geladeira por 2 horas. Sirva com bagas.

## 18. Café Gelado com Sorvete

**Ingredientes**

- 1 picolé de coco queimado
- 200 ml de café gelado com leite 3 corações.

**Modo de preparo**

1. Bata o café no liquidificador com o picolé de coco queimado.
2. Coloque em um copo de milk-shake e sirva imediatamente.

## 19. café gelado com coco e caramelo

**Ingredientes**

- 1 colher de chá de Pimpinela Solúvel
- 50ml de água quente
- 100ml de leite de coco
- 50ml de leite
- 50ml de água de coco
- 1 colher de chá de açúcar (pode ser açúcar de coco)
- Xarope de caramelo
- chantilly

**Preparação**

1. Prepare o café instantâneo com 50 ml de água quente. Espere esfriar. Coloque em uma forma de gelo, junto com a água de coco e deixe esfriar.
2. Quando estiver na forma de gelo, bata no liquidificador com o leite, o leite de coco e o açúcar. Coloque em um copo e cubra com chantilly e calda de caramelo.

## 20. Shot de Cappuccino com Baunilha e Sal

**Ingredientes**

- 1 bola de sorvete de baunilha de boa qualidade (muito grande)
- 2 colheres de Cappuccino Clássico 3 Corações
- 1 colher de chá de sal rosa do Himalaia (reserve $\frac{1}{2}$ colher de sopa para polvilhar por cima)

**Preparação**

1. Bata no liquidificador o sorvete, o cappuccino e meia colher de sal.

2. Coloque em taças e congele por 2 horas. Na hora de servir, polvilhe o restante do sal por cima.

## RECEITAS DE BOLOS

### 21. Brownie de Café com Coco

**Ingredientes:**

- 1 caixa de mistura pronta para brownies
- 3 ovos
- 1/3 xícara de óleo vegetal
- 60 ml de café coado
- 200 gr de coco ralado

- 1 xícara de amêndoas torradas
- $\frac{1}{4}$ colher de chá de extrato de amêndoa
- 1 lata de leite condensado
- Cobertura de chocolate

**Preparação:**

1. Pré-aqueça o forno a 180°C. Em uma tigela coloque a mistura pronta para brownies, ovos, café e óleo vegetal e misture até ficar bem combinado. Coloque a mistura em uma forma untada e leve ao forno por 20 minutos ou até que um palito inserido no centro saia quase limpo.
2. Enquanto os brownies estão assando no forno, misture o coco, as amêndoas, o extrato e o leite condensado até incorporar bem. Quando os brownies estiverem no ponto certo, retire-os do forno e espalhe cuidadosamente a mistura de coco por cima. Retorne a forma ao forno por mais 15 minutos.
3. Deixe esfriar por 1 hora e decore com cobertura de chocolate.

## 22. Bolo de frutas cristalizadas

**Ingredientes:**

- 1 1/3 xícara (chá) de frutas secas cristalizadas embebidas em 1 xícara de cachaça
- 2/3 xícara de açúcar mascavo
- 7 colheres de manteiga engarrafada
- 1 xícara de leite ▢ 1 ovo batido
- 2 ¼ xícara de farinha de trigo
- 1 colher de fermento em pó
- 1 colher de chá de gengibre ralado
  1 colher de chá e canela em pó

**Preparação**

1. Coloque as frutas secas, a manteiga, o açúcar e o leite em uma panela. Leve ao fogo baixo até derreter a manteiga e o açúcar. Reserva. Em uma tigela, misture a farinha, o fermento e as especiarias. Faça um furo no meio e adicione a mistura de frutas secas. Coloque o ovo batido. Misture tudo muito bem com uma espátula de silicone.
2. Coloque em uma forma de bolo inglês untada e asse em forno pré-aquecido a 180 graus por aproximadamente 50 minutos.

## 23. Cupcake de café de Natal

**Ingredientes**

- 1 xícara de farinha de trigo
- 1/2 xícara de açúcar
- 1 xícara de cacau em pó
- 1 colher de chá de fermento químico
- 1/2 colher de chá de bicarbonato de sódio
- 1 colher de café instantâneo Pimpinela
- 2 colheres de chá de canela em pó
- 1/4 colher de chá de cravo em pó
- 1/2 colher de chá de gengibre em pó
- 1/2 colher de chá de sal

- 1/2 xícara de leite
  1/4 xícara de óleo vegetal
- 1 ovo grande
- 1/2 colher de chá de essência de baunilha ☐ 1 xícara de água bem quente.

**Preparação**

1. Pré-aqueça o fogo a 180 graus. Coloque as forminhas de cupcake na assadeira.
2. Em uma tigela, coloque a farinha, o açúcar, o cacau, o fermento, o fermento químico, o cravo, a canela, o gengibre e o café. Misture bem e reserve. Em uma batedeira, coloque o óleo, o ovo, o leite e a baunilha. Adicione os ingredientes secos reservados e bata em velocidade média até misturar bem. Adicione a água quente e bata em velocidade rápida por mais 1 minuto para arejar. Divida a massa uniformemente nas formas e leve ao forno por 20 minutos, ou até espetar um palito e ele sair seco.

## 24. Bolo de Mandioca com Café e Coco

**Ingredientes**

- 3 xícaras de mandioca crua (mandioca) em um processador de alimentos
- 3 xícaras de chá de açúcar
- 3 colheres de manteiga
- ¼ xícara de café Santa Clara coado
- ¼ xícara de leite
- 3 claras de ovo
- 3 gemas
- ½ xícara de queijo parmesão ralado
- 100 gramas de coco ralado
- 1 colher de sopa de fermento em pó
- 1 pitada de sal

**Preparação**

1. Coloque a mandioca no processador, coloque em um pano, esprema bem e descarte o leite. Espalhe a massa em uma forma e reserve. Em uma batedeira elétrica, bata o açúcar e a manteiga. Quando estiver esbranquiçado, acrescente as gemas, o queijo ralado, o café e o leite. Bata até que todos os ingredientes estejam bem incorporados. Adicione a massa de mandioca e o coco. Misture com uma espátula. Por fim, o fermento e as claras em neve, misturando com uma espátula. Asse em uma forma untada com óleo de sua preferência em forno pré-aquecido a 180 graus por aproximadamente 40 minutos ou até que a superfície esteja dourada.

## 25. Banana com café com chocolate

**ingredientes**

- 2 colheres de sopa de suco de limão
- 1 colher de açúcar
- 1 pitada de polpa de baunilha
- 1 banana
- 2 colheres de calda de chocolate
- 400 ml de café quente acabado de fazer
- 150ml de leite
- cacau em pó para polvilhar Passos de preparação

1. Ferva o suco de limão com o açúcar, a baunilha e 100 ml de água em uma panela. Descasque e

pique a banana. Despeje na panela, cozinhe por 1-2 minutos e retire do fogo. Deixe esfriar um pouco e, em seguida, preencha 4 copos.

2. Misture a calda com o café e despeje cuidadosamente sobre as bananas, exceto 2 colheres de sopa. Aqueça o restante do café com o leite e misture até ficar espumoso. Despeje sobre o café e sirva polvilhado com um pouco de cacau.

## 26. Receita de Brownie de Café

**Ingredientes**

- ¾ xícara de chocolate em pó
- 1 ½ xícara de açúcar
- 1 colher de chá de sal
- 1 ½ xícara de farinha
- ¼ xícara de café coado de Pimpinela
- 1 colher de chá de café instantâneo Pimpinella
- 1 xícara de gotas de chocolate
- 4 ovos batidos
- 1 colher de baunilha
- ½ xícara de óleo vegetal
- nozes picadas
- morango de vidro picado

**preparação**

1. Pré-aqueça o forno a 160 graus
2. Em uma tigela grande, misture bem todos os ingredientes secos.
3. Adicione os ingredientes líquidos e os ovos batidos e as pepitas de chocolate.
4. Unte uma forma grande (20x20cm) com papel manteiga.
5. Cozinhe a 160 graus por 30 minutos ou até que o meio esteja definido
6. Esfrie antes de servir.

## 27. Bolo de figo caramelizado com café

**ingredientes**

- 60 g de açúcar de cana integral
- 3 colheres (sopa) de açúcar granulado (para polvilhar os figos)
- 10 figos orgânicos (frescos)
- 4 ovos caipiras (gemas e claras separadas)
- 2 colheres de café de grãos instantâneos
- 90 gr de farinha de trigo integral
- 1 colher de chá de preparação de bicarbonato de sódio

1. Para o bolo de figo caramelizado com café, lave os figos, corte-os ao meio no sentido do

comprimento, polvilhe com o açúcar granulado e disponha as frutas com a parte lisa para baixo no fundo da forma.
2. Em uma tigela, bata as gemas com o açúcar de cana inteiro até ficar espumoso. Misture a farinha separadamente com o café e o fermento e vá juntando tudo aos poucos com a mistura de ovos.
3. Por fim, bata as claras em neve e misture com a massa. Misture algumas colheres de neve para soltar a mistura e, em seguida, use uma espátula de borracha para dobrar a neve restante na massa usando movimentos circulares.
4. Despeje a mistura sobre os figos na assadeira e leve ao forno por 25 a 30 minutos. O bolo estará pronto quando não houver mais massa grudada em um palito de dente que foi inserido nele ao ser retirado.
5. Retire o bolo de figo caramelizado acabado com café do forno e vire-o imediatamente (caso contrário, o caramelo grudará na panela!). Uma sobremesa suculenta.

## 28. Muffins de Mocha

**ingredientes**

- 3 unidades de ovos
- 180ml de óleo vegetal
- 120 ml de café forte (resfriado)
- 1 colher de chá de polpa de baunilha
- 240ml de requeijão
- 210 gr de farinha
- 170 g de farinha de trigo integral
- 25g de cacau em pó
- 210 g de açúcar mascavo
- 1/2 colher de chá de fermento em pó

- 1 colher de chá de bicarbonato de sódio
- 1/2 colher de chá de sal
- 100 g de nozes de baleia ou nozes pecan (picadas)
- 170 g de preparação de pepitas de chocolate

1. Para os muffins de mocha, pré-aqueça o forno a 190 graus e coloque as formas de papel na bandeja de muffins.
2. Misture os ovos, o leitelho, o óleo, o café e a polpa de baunilha em uma tigela.
3. Em uma segunda tigela, misture a farinha, o cacau, o açúcar, o fermento, o bicarbonato e o sal. Em seguida, adicione as nozes e as gotas de chocolate.
4. Usando uma espátula, dobre cuidadosamente os ingredientes úmidos na mistura de farinha.
5. Despeje a massa nas formas de papel e asse os muffins de mocha por cerca de 20-25 minutos. Deixe os muffins esfriarem antes de comer.

## 29. Bolo de café simples

**ingredientes**

- 150 g de manteiga (derretida)
- 200 g de açúcar
- 1 ovo
- 250ml de café (preto)
- 400 g de farinha (suave)
- 1 pacote de fermento em pó
- 1 pacote de açúcar de baunilha
- um pouco de preparação de casca de limão (a gosto)

1. Em uma tigela grande, misture a manteiga aquecida, o açúcar e o ovo até ficar espumoso.

Em seguida, misture a farinha misturada com o fermento, o açúcar de baunilha, as raspas de limão e o café.
2. Despeje a massa em uma assadeira untada ou forrada com papel manteiga (caixa, bolo ou assadeira, ou assadeira, como preferir).
3. Asse em aprox. 175°C (forno de convecção) por pelo menos 45 minutos, depois verifique e asse por mais 10 minutos se necessário.

## 30. Bolinho de tiramisu

**ingredientes**

- 1 xícara(s) de licor (ou café/leite adoçado, para demolhar)

*Para as tortinhas:*

- 200 gr de farinha
- 1 colher de chá de fermento em pó
- 1/2 colher de chá de sal
- 2 ovos
- 60ml de café (preto)
- 1 garrafa(s) de sabor rum (aprox. 2 ml)
- 100 g de açúcar

*Para o creme de mascarpone:*

- 2 ovos (separados)
- 5 colheres de açúcar
- 1 pacote de açúcar de baunilha
- 300 g de preparação de mascarpone

1. Para as tortinhas, pré-aqueça o forno a 180°C e encha uma forma de muffins com forminhas de papel.
2. Separe os ovos e misture bem as gemas com o café, sabor rum e 50 g de açúcar. Bata as claras em neve e misture com o restante do açúcar.
3. Misture bem a farinha, o fermento e o sal em uma tigela. Lentamente, misture esta mistura de farinha, sal e fermento na mistura de gema de ovo e café. Dobre as claras de ovo.

4. Despeje a massa nas formas e leve ao forno por cerca de 20-25 minutos.
5. Para o creme, misture as gemas com o açúcar e bata até ficar espumoso. Bata as claras em neve. Misture o mascarpone na mistura de ovos e dobre as claras. Leve à geladeira por cerca de 1 hora!
6. Retire os cupcakes do forno, mergulhe-os no licor (ou café adoçado) e deixe-os esfriar sobre uma gradinha.
7. Retire o creme da geladeira e decore os cupcakes resfriados com ele.

31. Bolinho de Amendoim

**Ingredientes para o biscoito:**

- 2 xícaras de farinha de trigo peneirada
- 1 colher de sopa de fermento em pó
- ½ xícara de amendoim torrado sem sal
- ½ xícara de açúcar
- 5 colheres de manteiga
- 1 ovo batido
- ½ xícara de Café Extra Forte 3 Corações
- ¼ xícara de leite

*Para cobertura:*

- ¼ xícara de farinha de trigo peneirada
- 1 colher de manteiga
- ¼ xícara de amendoim torrado sem sal
- 1 colher de chá de café solúvel 3 corações
- 1 ½ colher de sopa de açúcar mascavo

**Preparação**

1. Em uma tigela, misture a farinha, o fermento, o amendoim e o açúcar. Adicione a manteiga e, com um garfo, faça-a incorporar os ingredientes secos.
2. Em outro recipiente, bata o ovo e acrescente o leite e o café. Adicione delicadamente esta mistura aos ingredientes secos. Distribua a

massa em formas e prepare a cobertura. Misture a farinha e a manteiga até obter uma consistência granulada. Adicione o amendoim, o café e o açúcar e misture delicadamente com uma espátula. Polvilhe esta cobertura sobre os bolinhos. Asse em forno pré-aquecido a 200 graus por 20 a 25 minutos.

## 32. Muffins de café irlandês

**ingredientes**

- 1 colher de café
- 400 g de manteiga
- 130 g de farinha (suave)
- 130 g de farinha (útil)

- 1 pacote de fermento em pó
- 1 pitada de bicarbonato de sódio
- 80 g de nozes (picadas)
- 130 g de açúcar (mascavo)
- 1 ovo
- 70ml de óleo vegetal
- 40ml de uísque
- preparação de 12 assadeiras de papel

1. Dissolva o café no leitelho.
2. Em uma segunda tigela, misture a farinha, o fermento, o bicarbonato de sódio e as nozes picadas.
3. Em seguida, adicione o ovo batido, o açúcar, o óleo e o uísque à mistura de leitelho.
4. Em seguida, adicione a mistura de farinha.
5. Coloque as formas de papel na assadeira e recheie com a massa (você também pode colocar uma metade de noz na massa).
6. Coloque os muffins no forno pré-aquecido (160°C, forno ventilado) por cerca de 20 minutos.

## 33. Bolo de Banana com Café

**Ingredientes**

- 4 bananas anãs grandes e bem maduras
- 1 xícara (chá) de farinha de rosca
- 1 xícara (chá) de açúcar
- 4 ovos
- 3/4 xícara de óleo de girassol ou milho
- 100 g de castanha do Pará picada
- 1 colher de café de 3 Gourmet
- 1 colher (sobremesa) de fermento químico

**Preparação**

1. No liquidificador, bata as bananas com os ovos e o óleo. Adicione a farinha, o açúcar e o café, batendo sempre.

2. Adicione a castanha e o fermento, misturando delicadamente. Asse em forma untada e enfarinhada em forno a 180°C por aproximadamente 40 minutos.

## 34. Bolo Gelado com Café Supremo Expresso Três

**Ingredientes**

- 1 xícara (café) de café forte
- Fatias de Colomba (½ colomba)
- sorvete o suficiente
- 1 cápsula de café expresso TRES Supreme (ou o seu favorito)
- 150 gramas de chocolate meio amargo para derreter
- 2 colheres de sopa de creme de leite

**Método de preparação**

1. Forre uma forma de bolo com filme plástico. Coloque uma camada de sorvete.
2. Adicione as fatias de Colomba. Regue com o café coado. Adicione o sorvete, depois a Colomba, regando sucessivamente com o café até o fim da panela. Leve ao freezer por 1 hora.
3. Faça o ganache adicionando o chocolate derretido, o café expresso e o creme de leite. Cubra o bolo com o ganache antes de servir.

## 35. Pão de ló

**ingredientes**

- 1/2 l de leite
- 15 g de pudim de baunilha em pó
- 1 gema de ovo
- 5 dag açúcar
- 12 dias Rama
- 12 dias Koketta
- 2 pacotes. Dedos de moça
- Preparação de café (misturado a frio com uma pitada de rum)

1. Para o pão de ló, leve ao fogo o leite, o pudim de baunilha, a gema e o açúcar, mexendo sempre.
2. Coloque o Rama e o Koketta no copo de mistura e adicione imediatamente a mistura fervida e ainda quente ao copo de mistura. Misture no nível mais alto por 2 minutos. Agora deixe a mistura descansar na geladeira por 12 horas.
3. Bata o creme com um mixer de mão.
4. Mergulhe os dedos de esponja em uma mistura de café-rum e coloque alternadamente com o chantilly na forma de bolo.
5. Decore o pão de ló com chantilly e morangos como desejar.

## 36. Muffin de Café Instantâneo

**Ingredientes**

- 4 gemas
- 4 claras de ovo
- 3 ½ colheres de açúcar
- 2 ½ colheres de sopa de amido de milho
- 1 colher (sobremesa) de Café Solúvel 3 Corações Tradicionais
- 4 colheres de coco ralado
- 4 colheres de chocolate granulado

**Método de preparação**

1. Bata as gemas com o açúcar até ficarem brancas.
2. Aos poucos, adicione o amido de milho, café instantâneo, chocolate e coco.
3. Retire da batedeira e coloque delicadamente as claras em neve.
4. Asse em ramequins individuais untados por 30 minutos a 180°C. Depois de assado, polvilhe com açúcar açucarado.

## 37. Bolo de Café com Leite

**Ingredientes**

- 1 cápsula de Café TRES com Leite
- 3 ovos
- 4 bananas bem maduras
- 2 xícaras de aveia em flocos
- 1 copo de damasco picado
- 1/2 xícara de nozes picadas
- 1/2 xícara de passas
- 1/2 xícara de ameixa preta picada
- 1 colher de fermento

**Ingrediente**

1. Em uma tigela, misture a aveia, as nozes, os damascos, as passas e as ameixas.
2. Bata os ovos com as bananas no liquidificador. Adicione o café com leite.
3. Coloque o fermento com os ingredientes secos na tigela e misture bem.
4. Junte as bananas batidas com os ovos, misture bem e coloque tudo numa forma inglesa untada para assar em forno pré-aquecido (180°C) até dourar. Se quiser, polvilhe açúcar de confeiteiro ou canela.

## 38. Bolo de Abobrinha com Café Espresso

**Ingredientes**

- 320 g de açúcar
- 300 g de farinha de trigo
- 100 g de farinha de amêndoa
- ½ colher de chá de bicarbonato de sódio
- 1 ½ colher de fermento em pó
- 500 g de abobrinha ralada
- 3 ovos
- ½ colher de sopa de extrato de baunilha
- 2 colheres de chá de canela em pó
- ½ colher de chá de noz-moscada
- 1 colher de chá de gengibre ralado

- 
- 
- ½ colher de chá de sal
- 200 ml de óleo de canola ou milho
- 50 ml de Expresso Ameno TRES
- 150 g de açúcar de confeiteiro
- 150 g de açúcar comum

**Preparação**

1. Em uma batedeira, adicione o óleo, o açúcar, os ovos e a baunilha. Bata em velocidade alta até a mistura ficar esbranquiçada (aproximadamente 10 minutos).
2. Enquanto isso, em uma tigela, misture a farinha, a canela, a noz-moscada, o gengibre, o sal e o bicarbonato de sódio. Misture bem. Adicione o conteúdo ao mixer. Bata por 15 minutos, ou até ficar homogêneo.
3. Fora da batedeira, adicione a abobrinha e o fermento, misturando bem, mas delicadamente. Coloque tudo em uma fôrma de fundo removível untada com manteiga e farinha. Leve para assar em forno a 190°C por aproximadamente 50 minutos.
4. Combine os dois açúcares em uma tigela e coloque o café expresso suave já frio. Misture bem até formar um glacê.

5. Coloque sobre o bolo pronto ainda quente. Sirva com uma colher de chantilly.

### 39. Brownie de Manteiga de Amendoim e Café

**Ingredientes**

- 250 g de chocolate meio amargo derretido
- 1 colher de café instantâneo Santa Clara
- 1 colher de sopa de manteiga em pomada
- 3 ovos
- 1 xícara de açúcar
- $\frac{3}{4}$ xícara de farinha de trigo bem peneirada
- 1 colher de chá de essência de baunilha
- $\frac{1}{2}$ xícara de manteiga de amendoim

- 
- 
- 1 colher de sopa de manteiga em pomada
- 2 colheres de açúcar
  1 isso
  1 colher de farinha de trigo

**Preparação**

1. Em uma tigela, misture o chocolate derretido e o café instantâneo com a pasta de manteiga. Adicione os ovos, o açúcar, a essência de baunilha e misture bem.
2. Por fim, inclua a farinha de trigo, misturando bem. Reserva.
3. Misture a manteiga de amendoim com a manteiga, o ovo, o açúcar e a farinha. Certifique-se de que é uma pasta muito lisa.
4. Em uma forma untada, coloque a massa na massa, misturando o chocolate com o amendoim.
5. Com uma colher ou garfo, puxe uma grade até a outra para obter um efeito marmorizado. Asse em forno pré-aquecido (180°C) por 25 a 30 minutos.

## 40. Bolo de queijo creme espresso de avelã

**ingredientes**

*Para a crosta de nozes:*

- 300 g de miolo de avelã
- 60g de manteiga
- 100 g de açúcar
- 1 colher de sopa de mel líquido ☐ Para o recheio:
- 500 g de ricota (cremosa)
- 200 g de requeijão (creme duplo)
- 2 colheres de farinha
- 2 ovos (M)
- 125 g de açúcar

- ☐
- ☐
- 1 pacote de açúcar de baunilha
  1 colher de chá de canela em pó
  60 ml de preparação de café expresso (resfriado)

1. Para a crosta de nozes do bolo de queijo creme de avelã espresso, pré-aqueça o forno a 200° (convecção 180°). Coloque os grãos de avelã em uma assadeira e asse no forno (centro) por 6 a 10 minutos até que as cascas rachem e fiquem pretas. Retire, coloque em uma toalha de cozinha e esfregue a casca com ela. Abaixe o forno para 180° (convecção 160°).
2. Forre o fundo e a borda da forma com papel manteiga. Deixe os grãos de avelã esfriarem por cerca de 30 minutos.
3. Pique grosseiramente 2 colheres de sopa de nozes e reserve.
4. Derreta a manteiga, misture com o açúcar e o mel e deixe esfriar um pouco. Triture finamente as nozes restantes no picador de blitz e misture na mistura de manteiga. Despeje a mistura de nozes na forma e espalhe no fundo e na borda com uma colher. Em seguida, resfrie o molde com a mistura.

5. Para o recheio, misture a ricota e o cream cheese com a batedeira até ficar homogêneo. Acrescente a farinha e, em seguida, acrescente os ovos aos poucos até obter uma mistura homogênea. Junte o açúcar, o açúcar de baunilha, a canela em pó e o café expresso.
6. Espalhe o recheio na base da massa. Asse no forno (centro) por 35-40 minutos. O bolo está pronto quando "treme" levemente ao tocar o centro da forma. Retire o bolo e deixe esfriar por várias horas em uma gradinha.
7. Antes de servir, retire o bolo de queijo creme espresso de avelã da forma e polvilhe com as avelãs que foram reservadas.

## 41. Bolo de chocolate com espelta

**ingredientes**

*Massa:*

- 300 g de farinha de espelta
- 200 g de amêndoas (moídas)
- 150 gramas de açúcar
- 1/2 pacote de fermento em pó
- 4 unidades de ovos
- 1 xícara (chá) de café (frio)

*Cobertura:*

- 180 gr de manteiga
- 150 gr de chocolate amargo

- 1 pitada de preparação de sal

1. Para o bolo de chocolate de espelta, misture a seco a farinha de espelta, as amêndoas moídas, o açúcar e o fermento. Em seguida, bata os ovos e a caneca fria de café, misture com os ingredientes restantes e espalhe a massa levemente líquida em uma assadeira. Asse a 200°C por cerca de 20 minutos.
2. Deixe o bolo de chocolate de espelta esfriar e cubra com cobertura escura.
3. Polvilhe com muito amor.

## 42. Bolo de Iogurte

**ingredientes**

- 4 unidades de ovos
- 300-400 g de farinha
- 1 xícara de iogurte
- 200-300 g de açúcar de confeiteiro
- 100 - 200 g de manteiga (se possível em cubos)
- Geléia (para espalhar)
- 1 pitada de sal (sem sal marinho senão muito salgado)
- 1 pacote de fermento em pó
- 1 pacote de preparação de açúcar de baunilha

1. Para o bolo de iogurte, separe os ovos e bata as claras em neve (não se esqueça da pitada de sal). Derreta a manteiga.
2. Adicione a manteiga derretida, o açúcar de confeiteiro, o açúcar de baunilha e o fermento às gemas e misture.
3. Acrescente alternadamente as claras batidas em neve, a farinha e o pote de iogurte, frouxamente e delicadamente.
4. Pincele uma assadeira de sua escolha com manteiga e farinha um pouco (o bolo pode ser facilmente removido após o cozimento).

Despeje a mistura de massa na forma e leve ao forno a 200 - 220 ° C.
5. Depois de cozer e arrefecer, corte o bolo de iogurte ao meio e regue com a compota.

### 43. Bolo de papoula flower power

**ingredientes**

*Para uma forma de bolo de 25 cm:*

- 6 ovos
- 200 g de sementes cinzentas (raladas)
- 100 g de amêndoas (raladas)
- 50 g de chocolate (ralado)
- 80g de açúcar mascavo

- 250 g de manteiga (suave)
- 1 colher de açúcar baunilha
- 1 peça. Laranja (só a casca)
- 1/2 limão (só a casca)
- 1 pitada de sal mágico Sonnentor (fino)
- Pasta de groselha preta (ou similar)

*Esmalte:*

- 250 g de açúcar de confeiteiro
- 2 colheres de água
- 2 colheres de sopa de suco de limão
- Mistura de flores de especiarias flower power

**preparação**

1. Para o bolo de papoila Flower Power, separe os ovos em gemas e limpe, misture as sementes de papoila com as amêndoas e o chocolate.
2. Misture a manteiga com o açúcar de confeiteiro, uma pitada de sal, açúcar de baunilha, casca de laranja e limão até ficar espumoso. Aos poucos, misture as gemas e mexa bem até espumar.
3. Bata a clara de ovo com o açúcar de cana na neve cremosa e envolva na mistura de

manteiga alternadamente com a mistura de sementes de papoila, amêndoa e chocolate.
4. Despeje a mistura em uma forma untada e enfarinhada, leve ao forno a 160°C por aprox. 50 minutos, retire da forma após esfriar e desenforme sobre um prato.
5. Faça um purê com a pasta de frutas, passe-a por uma peneira, aqueça-a e espalhe-a finamente no topo e ao redor do bolo.
6. Para o esmalte , misture os ingredientes em uma massa lisa e espessa. Misture as flores de especiarias flower power e cubra o bolo.

## 44. bolo de cereja

**ingredientes**

*Para a massa:*

- 200 gr de manteiga
- 200 g de açúcar de confeiteiro
- 200 gr de farinha
- 40 gr de amido de milho
- 5 ovos
- 1 pacote de açúcar de baunilha

*Para a chapa metálica:*

- 400 gr de cerejas

**preparação**

1. Lave, escorra e retire o caroço das cerejas.
2. Pré-aqueça o forno a 180 ° C de ar quente. Forre a assadeira com papel manteiga.
3. Separe os ovos e bata as claras em neve. Para fazer isso, bata a clara de ovo até ficar branca e, em seguida, misture metade da quantidade de açúcar.
4. Misture a manteiga, o açúcar restante, a gema e o açúcar de baunilha até ficar espumoso.
5. Peneire a farinha e o amido de milho juntos para que não haja buracos no bolo de cereja.
6. Misture o ovo-açúcar-neve alternadamente com a mistura de farinha na massa de gema.
7. Espalhe a massa no papel manteiga e cubra com as cerejas.
8. Asse o bolo de cereja por cerca de 15-20 minutos, deixe esfriar, adicione açúcar se desejar e corte em pedaços de qualquer tamanho.

## 45. Bolo de laranja e chocolate com estévia

**ingredientes**

- 4 pedaços. proprietário
- 30g de suco de agave
- 20g de creme de leite
- 4 colheres de chá de grânulos de estévia
- 1 1/2 colheres de chá de canela em pó
- 1 colher de chá de baunilha bourbon em pó
- 1 pitada de cravo em pó
- 2 colheres de rum
- 1 peça. Laranja (suco e raspas)

- 90g de leite de coco
- 3 colheres de sopa de leite (ou leite de soja)
- 90 g de farinha de espelta integral
- 35 g de amêndoas (moídas)
- 2 colheres de cacau
- 10 g de migalhas de grãos integrais (migalhas de pão)
- 1 pacote de preparação de fermento em pó tártaro

1. Para o bolo de chocolate e laranja, separe os ovos e reserve a clara.
2. Misture a gema (gema de ovo), xarope de agave, creme, stevia, canela, baunilha, cravo, rum e casca de laranja até ficar homogêneo.
3. Misture o leite de coco, o leite e o suco de laranja em uma tigela e adicione.
4. Ao fazer isso, coloque o liquidificador em nível baixo, pois a massa é muito líquida.
5. Misture a farinha, as amêndoas, o cacau, a farinha de rosca (pão ralado) e o fermento em pó.
6. Misture com a massa.

7. Acrescente as claras batidas em neve, encha a forma e leve ao forno pré-aquecido a 180°C por 40 a 45 minutos.

## 46. Bolo de sementes de abóbora com creme de rum

**ingredientes**

*Para o bolo de sementes de abóbora:*

- 8 peças. Gemas de ovo
- 200 gr de açúcar granulado
- 8g de pão ralado
- 200 g de sementes de abóbora (moídas)
- 1 pacote de açúcar de baunilha

- 2 colheres de rum
- 8 pedaços de clara de ovo
- Manteiga e farinha (para a forma)

*Para o creme de rum:*

- 200ml de natas batidas
- 4 cl de licor de ovo
- 1 dose de rum
- 1 colher de chá de preparação de açúcar de baunilha

1. Para o bolo de sementes de abóbora, bata a gema com 1/3 do açúcar granulado, uma pitada de sal e o açúcar de baunilha até ficar bem espumoso.
2. Misture as sementes de abóbora da Estíria finamente moídas, a farinha, o rum e a farinha de rosca e a farinha alternadamente com a clara de ovo, que é batida com o açúcar restante até ficar firme.
3. Forre o fundo de uma forma média com papel manteiga, unte a borda e polvilhe com farinha.
4. Despeje a mistura de bolo e leve ao forno a 170 ° C por cerca de 40 minutos até dourar claro.

5. Para o creme de rum, bata o chantilly até ficar semi-rígido, misture levemente o licor de ovos, o rum e 1 colher de chá de açúcar de baunilha e despeje uma colher sobre os pedaços de bolo.

## 47. Muffins de café-avelã-chocolate

**ingredientes**

- 280 g Mehl
- 210g de açúcar
- 3 ovos
- 2 pacotes de açúcar de baunilha

- 150 g de manteiga (derretida)
- 50 ml de leite
- 150 ml de Kaffee (Kalt)
- 1 vagem de baunilha (polpa dela)
- 4 colheres de sopa de avelãs (raladas)
- 2 colheres de sopa de chocolate ao

leite (ralado) de preparação

1. Para os muffins de café, avelã e chocolate, pré-aqueça o forno a 150 graus. Unte a forma de muffins com manteiga e polvilhe com farinha. Ou forre com pequenas forminhas de papel para muffins.
2. Misture o açúcar, o açúcar de baunilha, a polpa de uma vagem de baunilha e os 4 ovos até ficar espumoso. Misture a farinha, o fermento, as nozes e o chocolate.
3. Derreta e misture a manteiga. Junte o leite e o café. Por fim, misture a mistura de ovos e açúcar.
4. Os muffins de chocolate com avelã e café no forno assam por 25-30 minutos a 180 graus.

## 48. Bolo de café de nozes rápido

**ingredientes**

- 4 ovos
- 1 pitada de sal
- 100 g de nozes (raladas finamente)
- 1 pacote de pó de café gelado (20 g)
- 2 colheres de açúcar de confeiteiro
- 1 dose de rum de cereja
- 1 xícara de preparação de chantilly

1. Para o bolo rápido de café com nozes, separe os ovos primeiro. Bata as claras com uma pitada
de sal até ficar firme. Bata as gemas e o açúcar de confeiteiro até espumar.

2. Misture o pó de café gelado, as nozes raladas e o rum de cereja na mistura de gemas. Acrescente as claras em neve e espalhe a mistura em uma forma pequena (20 cm de diâmetro) untada e enfarinhada.
3. Sirva com chantilly e nozes raladas grosseiramente. Asse em aprox. 170°C.

## 49. Bolo de nozes

**ingredientes**

- 200 gr de manteiga
- 250 gramas de açúcar
- 1 pacote de açúcar de baunilha
- 5 gemas
- 1 pitada de canela
- 180 g de avelãs (raladas ou nozes)
- 120 g de farinha (útil)
- 3 colheres de chá de fermento em pó
- 5 pedaços de clara de ovo
- 100 g de chocolate (picado) preparação

1. Para o bolo de nozes, mexa a manteiga até ficar espumosa e adicione gradualmente o açúcar, o açúcar de baunilha, a gema, a canela, as nozes e a farinha misturada com o fermento.
2. Bata as claras em neve firme. Levante o chocolate picado sob a neve e dobre essa massa na massa. Coloque a mistura em uma forma bem untada e esfarelada.
3. Asse com ar quente a 180 ° C por cerca de 45 minutos. Deixe repousar no forno desligado durante 5 minutos antes de retirar.
4. Deixe esfriar e açucarado.

## 50. Bolo de queijo coalho com Nutella

**ingredientes**

- 5 ovos
- 300 gr de farinha
- 100 g de açúcar
- 250 g de queijo coalho
- 200 g de manteiga (mole)
- 200g Nutella
- 100 g de chocolate (para derreter)
- 1 colher de sopa de Nutella (para derreter)
- 200 gr de achocolatado

**preparação**

1. Unte uma forma com manteiga e polvilhe com açúcar.
2. Separe os ovos, bata as gemas com o açúcar até espumar, bata as claras em neve firme.
3. Derreta a Nutella com a manteiga e o chocolate e misture na massa de gema e açúcar juntamente com o requeijão e a farinha peneirada, envolva as claras em neve, deite na forma de Gugelhupf e leve ao forno a 160°C cerca de 45 minutos.

4. Deixe o Gugelhupf descansar por 5 minutos antes de virar.
5. Enquanto o Gugelhupf descansa, derreta o chocolate restante e a Nutella.
6. Decore o requeijão de Nutella morno Gugelhupf com o chocolate líquido e sirva idealmente enquanto estiver morno.

## VEGETARIANO

### 51. Batido de café e banana

**Ingredientes**

- 400 ml de café (quente, forte)

- 2 colheres de açúcar
- 2 bananas (pedaços grandes)
- 1/2 vagem de baunilha (polpa)
- 2 colheres de sopa de miolo de amêndoa (finamente moído)
- 2 colheres de chá de xarope de bordo
- 6 cubos de gelo
- Flocos de coco (para a guarnição) Preparação

1. Para o shake de café com banana, misture primeiro o café com o açúcar até dissolver. Leve à geladeira por pelo menos 30 minutos.
2. Bata o café, as bananas, a baunilha, os miolos de amêndoa e a calda na batedeira. Adicione cubos de gelo e misture até que estejam picados grosseiramente.
3. Encha o shake de café-banana em dois copos long drink e decore com flocos de coco.

## 52. Bolo de figo caramelizado com café

**Ingredientes**

- 60 g de açúcar de cana integral
- 3 colheres (sopa) de açúcar granulado (para polvilhar os figos)
- 10 figos orgânicos (frescos)
- 4 ovos caipiras (gemas e claras separadas)
- 2 colheres de café de grãos instantâneos
- 90 gr de farinha de trigo integral
- 1 colher de chá de bicarbonato de sódio

**Preparação**

1. Para o bolo de figo caramelizado com café, lave os figos, corte-os ao meio no sentido do comprimento, polvilhe com o açúcar granulado e disponha as frutas com a parte lisa para baixo no fundo da forma.

2. Em uma tigela, bata as gemas com o açúcar de cana inteiro até ficar espumoso. Misture a farinha separadamente com o café e o fermento e vá juntando tudo aos poucos com a mistura de ovos.
3. Por fim, bata as claras em neve e misture com a massa. Misture algumas colheres de neve para soltar a mistura e, em seguida, use uma espátula de borracha para dobrar a neve restante na massa usando movimentos circulares.
4. Despeje a mistura sobre os figos na assadeira e leve ao forno por 25 a 30 minutos. O bolo estará pronto quando não houver mais massa grudada em um palito de dente que foi inserido nele ao ser retirado.
5. Retire o bolo de figo caramelizado com café do forno e vire-o imediatamente (caso contrário, o caramelo grudará na panela!). Uma sobremesa suculenta.

## 53. Abacate com extrato de café

**Ingredientes**

- 2 pedaços de abacate
- 2 colheres de açúcar Farin
- 1 dose de conhaque
- Extrato de café
- Noz-moscada (ralada)

**Preparação**

1. Para o abacate com extrato de café, descasque os abacates e use um mixer para fazer a polpa, o açúcar e o conhaque.

2. Divida isso em 4 tigelas, despeje uma pitada de extrato de café sobre ele e polvilhe o mus com noz-moscada.

## 54. Pudim de Cantuccini com molho de café

**Ingredientes**

- 100 g de cantuccini
- 50g de amaretto
- 85 g de manteiga (suave)
- 35g de açúcar
- 3 ovos)
- 35g de açúcar
- 1 colher de chá de manteiga (suave)
- 2 colheres de açúcar
- Para o molho:
- 250ml de natas batidas
- 50 gramas de açúcar
- 2 colheres de café instantâneo em pó

- 1 unidade de gema

**Preparação**

1. Para o pudim de cantuccini com molho de café, pique o cantuccini e o amaretti bem fininhos no cortador. Misture a manteiga com o açúcar até ficar espumoso. Separe os ovos, misture as gemas com o cantuccini amaretti picado na mistura de espuma e bata as claras até ficarem firmes. Polvilhe 35 g de açúcar, continue batendo até a mistura brilhar bem e dobre na mistura de espuma.

2. Unte as formas com manteiga e polvilhe com açúcar, deite a mistura, coloque as formas no tabuleiro fundo, encha o tabuleiro até cerca de 3/4 da altura com água quente e escalde o pudim no forno. Leve o chantilly e o açúcar para ferver, deixe em fogo baixo por 15 minutos, coe.

3. Bata o pó de café e a gema, misture no chantilly quente, leve novamente ao ponto de ebulição, mas não ferva mais, deixe esfriar. Para servir, vire o pudim em um prato e despeje a calda de café por cima, polvilhe o pudim de cantuccini com calda de café com açúcar de confeiteiro se quiser e decore com grãos de café e corações de creme.

## 55. Glacê de clara de ovo com café

**Ingredientes**

- 30 g de clara de ovo (pasteurizada, corresponde a 1 clara de ovo)
- 200 g de açúcar de confeiteiro (peneirado, um pouco mais se necessário)
- 30ml de rum
- 1 colher de chá de café em pó (dissolvido em 10 ml de água)

**Preparação**

1. Coloque a clara de ovo com o açúcar em um recipiente e bata até a mistura ficar firme e espumosa.
2. Misture o pó de café dissolvido e o rum.
3. Aqueça um pouco o esmalte de clara de ovo antes de aplicá-lo. Possivelmente dissolva mais 10 g de óleo de coco nele.

## 56. Café Dalgona

**Ingredientes**

- 8 colheres de café instantâneo
- 8 colheres de açúcar
- 8 colheres de chá de água (quente)
- 100ml de leite
- Cacau em pó

**Preparação**

1. Em uma tigela, misture o café instantâneo, o açúcar e a água quente com um batedor.
2. Bata por 3 a 4 minutos até obter uma consistência cremosa.

3. Coloque os cubos de gelo picado em um copo, despeje o leite sobre eles.
4. Despeje a massa cremosa de café no leite, refine com um pouco de cacau em pó na cabeça.
5. Mexa uma vez e aproveite.

## 57. Café de banana

**Ingredientes**

- 2 bananas (maduro)
- 1 esguicho de suco de limão
- 2 colheres de chá de xarope de bordo
- 1/2 colher de chá de canela
- 4 expressos (duplo)

**Preparação**

1. Para o café de banana, primeiro descasque e amasse as bananas. Misture com suco de limão, xarope de bordo e canela. Divida as

bananas entre 4 copos pequenos e resistentes ao calor.
2. Prepare o espressi e adicione um espresso duplo a cada uma das misturas de banana (se necessário, adoce previamente a gosto).
3. Sirva o café de banana polvilhado com uma pitada de canela.

## 58. Café mais quente

**Ingredientes**

- 500 ml de café (quente, forte)
- 1 anis estrelado
- 5 vagens de cardamomo (verde)
- 75 g de açúcar mascavo (castanho)
- 80ml de rum
- Natas batidas (picadas)

**Preparação**

1. Para o café mais quente, primeiro esprema as vagens de cardamomo em um almofariz para que as sementes se separem. Isso também pode ser feito manualmente, simplesmente

abrindo as cápsulas e retirando as sementes. Use tigelas também, elas contêm muito aroma.
2. Adicione o anis estrelado e o cardamomo ao café acabado de fazer e deixe em infusão por 20 minutos. Variedade.
3. Adoce com o açúcar e mexa até dissolver.
4. Em seguida, deixe ferver novamente, retire do fogão e adicione o rum.
5. Sirva o café mais quente com um capuz.

## 59. Sorvete de café e sementes de papoula com cerejas marinadas

**Ingredientes**

- 1 peça. Sorvete de café
- 1 pedaço de sorvete de semente de papoula
  Para as cerejas:
- 200 g de cerejas (sem caroço)
- 100 ml Zweigelt
- 50g de vinagre balsâmico
- 1 vagem de baunilha (mingau)
- 1 pau de canela Para decoração:
- 1 barra(s) de chocolate
- 100ml de natas batidas

**Preparação**

1. Ferva o vinho tinto com o açúcar, a polpa de baunilha, a canela e o vinagre. Em seguida, coloque as cerejas e deixe ferver novamente brevemente, retire do fogão e deixe as cerejas esfriarem no líquido.
2. Rale o chocolate em tiras grandes com um ralador, bata o chantilly até ficar firme.
3. Espalhe as cerejas em taças de sobremesa, disponha o gelado por cima e decore com as natas e o chocolate.

## 60. Sorvete de café com chocolate Vístula com bagas marinadas

**Ingredientes**

- 1 pedaço de sorvete azedo
- 1 pedaço de sorvete de chocolate
- 1 peça. Sorvete de café
- 1 colher de castanha de caju

*Para as bagas:*

- 100 g de bagas (misturadas, por exemplo, mirtilos, amoras, groselhas, morangos, framboesas)

- 4 colheres de sopa de xarope de flor de sabugueiro
- 1 colher de chá de suco de limão
- 10 folhas de hortelã

**Preparação**

1. Tempere as bagas com a calda, a hortelã e o sumo de limão cortado em tiras finas.
2. Pique grosseiramente as castanhas de caju.
3. Disponha o sorvete em uma tigela e decore com as frutas vermelhas, nozes picadas e hortelã fresca.

## 61. Cardamomo de inverno e latte de canela

**Ingredientes**

- 1 lata (s) de leite de coco (ou chantilly vegano)
- 6 vagens de cardamomo
- 2 pau (s) canela
- 160ml de café
- 100 ml de leite de amêndoas (ou leite de aveia)
- Canela (moída, para polvilhar)

**Preparação**

1. Para o latte de cardamomo e canela de inverno, primeiro coloque o leite de coco na geladeira durante a noite.

2. No dia seguinte, retire o leite de coco da geladeira, retire o creme de coco endurecido da lata e com cuidado, sem misturá-lo com o líquido, despeje em uma tigela gelada. Misture com um mixer de mão até ficar cremoso.
3. Coloque as vagens de cardamomo e os paus de canela em uma caneca grande e despeje o café acabado de fazer sobre eles.
4. Aqueça o leite no fogão em um nível baixo.
5. Peneire as cápsulas de cardamomo e canela, divida o café entre duas xícaras e misture com o leite quente.
6. Despeje 2 a 3 colheres de sopa de creme de coco em cada uma das xícaras e polvilhe o latte de inverno com cardamomo e canela com canela.

## 62. Sonho de Café com Stevia

**Ingredientes**

- 120 gr creme de soja
- 250 g QuimiQ natural (1 embalagem, alternativamente
  180 g Rama Cremefine para Ko)
- 1 colher de sopa de xarope de arroz
- 2 colheres de chá de grânulos de estévia
- 2 colheres de uísque (ou conhaque ou rum)
- 1/4 colher de chá de baunilha bourbon em pó
- 1 xícara (s) de café expresso pequeno (adoçado com 1/2 colher de chá de grânulos de estévia)

*Para decorar:*

- Grãos de café com chocolate

**Preparação**

1. Para o sonho do café o chantilly de soja e friozinho. Em seguida, bata o QuimiQ, a calda de arroz, a estévia, o uísque e a baunilha até ficar espumoso. Em seguida, adicione o café e mexa bem com o liquidificador em um nível baixo.
2. Misture com o chantilly de soja batido, encha as formas e leve à geladeira por 1 a 2 horas.
3. Decore com um pouco de chantilly de soja e um grão de café de chocolate.
4. Polvilhe o Coffee Dream com canela a gosto.

## 63. Cappuccino com gemada de Páscoa

**Ingredientes**

- 1 ovo de chocolate (vazio, grande)
- 1 expresso (duplo)
- 125ml de leite
- 1 dose de licor de ovo
- Chocolate granulado (opcional)

**Preparação**

1. Para o cappuccino de licor de ovo de Páscoa, primeiro enrole o ovo até a metade do papel alumínio. Retire cuidadosamente a tampa na parte superior. Coloque o ovo em uma caneca

adequada (de preferência uma xícara de cappuccino).
2. Prepare o espresso duplo na hora. Pouco antes de servir, bata o leite em uma espuma de leite firme. Agora, rapidamente, despeje primeiro o espresso, depois um pouco de leite com espuma de leite e o licor de ovo no ovo de chocolate.
3. Decore o cappuccino com licor de ovo de Páscoa com granulado de chocolate, conforme desejado.

## 64. Cantos de café

**Ingredientes**

- 170 gr de manteiga
- 80 g de açúcar granulado fino
- 1 gema (ou 1 clara de ovo)
- 10 g de açúcar de baunilha
- 1 pitada de sal
- 250 g de farinha de trigo (suave)
- Creme de café (para o recheio)
- Possivelmente algum fondant (para decorar)
- Geléia de damasco ou groselha (para pincelar)
- Possivelmente calda de chocolate

**Preparação**

1. Processe todos os ingredientes rapidamente em uma massa, coloque na geladeira apenas brevemente, se necessário.
2. Abra a massa com uma espessura de aprox. 2 mm e corte os biscoitos com um cortador de leque. Você também pode cortar círculos e cortá-los em 4 quartos com uma faca.
3. Coloque as fatias em forma de leque resultantes em uma assadeira preparada e asse a 165 º C por cerca de 12 a 15 minutos.
4. Quando esfriar, junte 2 compartimentos com buttercream, cubra a tampa com geleia, pincele com fondant e, quando esfriar, decore com spray glaze.
5. Talvez decore com alguns grãos de café com chocolate ou pérolas de prata.

## 65. Sorvete de café no palito

**Ingrediente**

- 480 ml de café (dependendo do tamanho dos moldes)
- um pouco de açúcar (se necessário)

**Preparação**

1. Para o sorvete no palito, primeiro prepare o café como de costume. Se desejar, adoce com açúcar e certifique-se de que o açúcar se dissolva completamente. Deixe esfriar um pouco.

2. Despeje o café em forminhas de picolé. Congele por várias horas.
3. Antes de retirar o sorvete no palito, coloque as formas brevemente sob água morna para que o sorvete se dissolva mais facilmente.

## 67. Trufa de cappuccino

**Ingredientes**

- 100 gr de chocolate meio amargo
- 150 g de chocolate moca
- 60 ml de café (café turco)
- 65ml de natas batidas
- ½ colher de sopa de manteiga (suave)
- 1 pitada de açúcar (cristal fino)

**Preparação**

2. Para as trufas de cappuccino, quebre o chocolate em pedaços pequenos e derreta-os no vapor.
3. Misture o chocolate derretido com a manteiga em temperatura ambiente, o café e o chantilly.
4. Deixe esfriar um pouco.
5. Assim que a massa esfriar, separe pequenos pedaços dela e forme bolinhas de praliné. Se você umedecer as mãos no meio, rolar é muito mais fácil.
6. Se quiser, passe as trufas de cappuccino no açúcar, no coco, nozes picadas ou pistaches picados e coloque em forminhas de pralinê.

## 68. Bolo de café simples

**Ingredientes**

- 150 g de manteiga (derretida)
- 200 g de açúcar
- 1 ovo
- 250ml de café (preto)
- 400 g de farinha (suave)
- 1 pacote de fermento em pó
- 1 pacote de açúcar de baunilha
- um pouco de casca de limão (a gosto)
Preparação

1. Em uma tigela grande, misture a manteiga aquecida, o açúcar e o ovo até ficar espumoso. Em seguida, misture a farinha misturada com o fermento, o açúcar de baunilha, as raspas de limão e o café.
2. Despeje a massa em uma assadeira untada ou forrada com papel manteiga (caixa, bolo ou assadeira, ou assadeira, como preferir).
3. Asse em aprox. 175°C (forno de convecção) por pelo menos 45 minutos, depois verifique e asse por mais 10 minutos se necessário.

## 69. Café gelado

**Ingredientes**

- 1l de natas batidas
- 1 peça. Vagem de baunilha
- 200 g de café mocha (fortemente queimado e ralado)
- 8 peças. Gemas de ovo
- 400 g de açúcar em pó
- Chantilly (e palitos ocos para decorar)

**Preparação**

1. Para o café gelado, primeiro ferva o chantilly com baunilha e misture com o café mocha recém-ralado. Após esta mistura ter descansado por 20 minutos, as gemas são mexidas com o açúcar de confeiteiro até ficarem espumosas e então ligadas com a mistura de creme de café coado em fogo mais baixo.
2. A massa resultante é fortemente resfriada e depois de congelada, sirva o café gelado em copos altos com topo batido e palitos ocos.

## 70. Banana com café com chocolate

**ingredientes**

- 2 colheres de sopa de suco de limão
- 1 colher de açúcar
- 1 pitada de polpa de baunilha
- 1 banana
- 2 colheres de calda de chocolate
- 400 ml de café quente acabado de fazer
- 150ml de leite
- cacau em pó para polvilhar Passos de preparação

1. Ferva o suco de limão com o açúcar, a baunilha e 100 ml de água em uma panela. Descasque e

pique a banana. Despeje na panela, cozinhe por 1-2 minutos e retire do fogo. Deixe esfriar um pouco e, em seguida, preencha 4 copos.

2. Misture a calda com o café e despeje cuidadosamente sobre as bananas, exceto 2 colheres de sopa. Aqueça o restante do café com o leite e misture até ficar espumoso. Despeje sobre o café e sirva polvilhado com um pouco de cacau.

## 71. Café irlandês

**Ingredientes**

- 100 ml de whisky irlandês
- 4 xícaras de café quente
- 3 colheres de açúcar mascavo
- 100 g de natas batidas

- açúcar mascavo para o preparo da guarnição

1. Aqueça bem o café, o uísque e o açúcar enquanto mexe e dissolva o açúcar, depois despeje em copos de vidro pré-aquecidos.
2. Bata levemente o creme de leite e sirva como cobertura sobre o café, polvilhado com um pouco de açúcar mascavo.

## 72. Canapés de café e nozes

**Ingredientes**

- 150 gr de farinha

- 50 g de cacau em pó (levemente desengordurado)
- 50 g de avelãs (moídas)
- 1 colher de chá de fermento em pó
- sal
- 2 ovos (tamanho M)
- 150 gramas de açúcar
- 2 colheres de chá de café (solúvel, aprox. 10 g)
- 6 colheres de cerveja de canola
- Açúcar em pó (para polvilhar)

**Preparação**

1. Para o café e as nozes, primeiro pré-aqueça o forno a 180°C. Forre duas assadeiras com papel manteiga. Misture a farinha, o cacau em pó, as avelãs moídas, o fermento e uma pitada de sal em uma tigela.
2. Em uma tigela grande, bata os ovos, o açúcar, o café solúvel e o óleo de colza com o batedor de mão até ficar espumoso. Adicione as colheres de ingredientes secos por vez e misture tudo rapidamente para formar uma massa.

3. Retire as porções de massa do tamanho de nozes com uma colher de chá e coloque-as em uma pilha na assadeira com uma segunda colher de chá, deixando algum espaço.
4. A ranhura do café morde no forno (no meio). Asse por 12-13 minutos por prato. Retire, retire da assadeira com o papel manteiga e deixe esfriar sobre uma gradinha. Polvilhe com açúcar em pó.

## 73. Tiramisù de framboesa e Nutella

**Ingredientes**

- 250 gr de framboesas
- 250ml de natas batidas

- 3 ovos (frescos)
- 500 gr de mascarpone
- 24 palitos
- 250ml de café (forte)
- 350g Nutella
- Cacau em pó (para polvilhar)
- Framboesas (para decoração) Preparação

1. Faça o café e deixe esfriar um pouco.
2. Lave e triture as framboesas.
3. Bata o chantilly em uma tigela até ficar firme, misture os ovos em outra tigela até ficar espumoso. Adicione o chantilly e o mascarpone, misture com cuidado.
4. Mergulhe os dedos de esponja no café e cubra o fundo de um prato (por exemplo, caçarola). Misture o restante do café com a Nutella.
5. Espalhe o creme de mascarpone sobre os biscoitos, depois despeje o creme de Nutella e as framboesas amassadas por cima. Proceda nesta ordem até esgotar todos os ingredientes (terminar com o creme de mascarpone).
6. Refrigere o tiramisu por pelo menos 2 horas.
7. Polvilhe com cacau em pó e decore com framboesas antes de servir.

## 74. Tiramisu de banana com requeijão

**Ingredientes**

- 250ml de café (forte)
- 1 dose de rum (opcional)
- 200ml de natas batidas
- 250 g de queijo coalho
- 400 g de mascarpone
- 50 g de açúcar de confeiteiro (ou como preferir)
- 4 bananas
- 200 g de damasco
- Preparação de cacau em pó (para polvilhar)

1. Ferva o café, deixe esfriar um pouco e misture com uma pitada de rum.
2. Em uma tigela, bata as natas batidas até ficarem firmes. Misture o requeijão, o macarpone e o açúcar de confeiteiro. Descasque e corte as bananas.
3. Mergulhe os biscoitos na mistura de café e rum e coloque-os em uma assadeira. Cubra com uma camada de creme de mascarpone, cubra com rodelas de banana e palitos. Continue a medir até que todos os ingredientes tenham sido usados (terminar com uma camada de creme de mascarpone).
4. Leve à geladeira por pelo menos 2 horas e polvilhe com cacau em pó antes de servir.

75. Bolo de Mandioca com Café e Coco

**Ingredientes**

- 3 xícaras de mandioca crua (mandioca) em um processador de alimentos
- 3 xícaras de chá de açúcar
- 3 colheres de manteiga
- ¼ xícara de café Santa Clara coado
- ¼ xícara de leite
- 3 claras de ovo
- 3 gemas
- ½ xícara de queijo parmesão ralado
- 100 gramas de coco ralado
- 1 colher de sopa de fermento em pó
- 1 pitada de sal

**Preparação**

1. Coloque a mandioca no processador, coloque em um pano, esprema bem e descarte o leite. Espalhe a massa em uma forma e reserve. Em uma batedeira elétrica, bata o açúcar e a manteiga. Quando estiver esbranquiçado, acrescente as gemas, o queijo ralado, o café e o leite. Bata até que todos os ingredientes estejam bem incorporados. Adicione a massa

de mandioca e o coco. Misture com uma espátula. Por fim, o fermento e as claras em neve, misturando com uma espátula. Asse em uma forma untada com óleo de sua preferência em forno pré-aquecido a 180 graus por aproximadamente 40 minutos ou até que a superfície esteja dourada.

## 76. Café Busserln

**Ingredientes**

- 4 pedaços de clara de ovo (120 g)
- 1 pacote de wafers (40 mm de diâmetro)
- 4 colheres de sopa de moca

- 200 g de açúcar de confeiteiro (açúcar em pó)

**Preparação**

2. Separe os ovos para os chips de café. Misture a clara de ovo, o açúcar e o mocha e bata bem em banho-maria. Retire do banho-maria e continue batendo até a massa esfriar.
3. Coloque as bolachas em uma assadeira forrada com papel manteiga e aplique a mistura em pequenas porções nas bolachas usando um saco de enchimento de pele. Deixe uma pequena borda do wafer ao redor da massa - os pãezinhos ainda se desfarão durante o cozimento. Se você não tiver wafers em casa, pode aplicar o Busserl diretamente no papel manteiga.
4. Asse os grãos de café a cerca de 150 °C por cerca de 30 minutos.

## 77. Espresso e waffles de pinhões

**Ingredientes**

- 50 gr de pinhões
- 2 colheres de chá de grãos de café expresso
- 125 g de manteiga (suave)
- 100 g de açúcar
- 1 pacote de açúcar de baunilha bourbon
- 3 ovos (tamanho M)
- 250 gr de farinha de trigo
- 1 colher de chá de fermento em pó
- 75 g de natas batidas
- 1/8 de café expresso (feito na hora, resfriado)
- 1 pitada de sal

- Gordura (para o ferro de waffle)

**Preparação**

1. Para os waffles de pinhão expresso, asse os pinhões em uma panela até dourar e deixe esfriar um pouco. Pique finamente os grãos de café expresso com uma faca afiada.
2. Bata a manteiga, 50 g de açúcar e o açúcar de baunilha até ficar espumoso. Separe os ovos. Misture as gemas ao creme de manteiga e açúcar. Misture a farinha, o fermento e os pinhões e misture alternadamente com chantilly, café expresso e grãos de café expresso.
3. Bata as claras com o sal e o açúcar restante até ficarem espessas e cremosas e envolva.
4. Pré-aqueça o ferro de waffle, unte levemente as superfícies de cozimento. Coloque cerca de 2 colheres de sopa de massa no meio da superfície de cozimento inferior e feche a forma de waffle. Asse o waffle por aprox. 2 minutos até ficar crocante e marrom claro.
5. Os waffles de espresso e pinhões Retire, coloque sobre uma grelha e prossiga com a massa restante da mesma forma.

## 78. Biscoitos de xícaras de café

**Ingredientes**

- 50g de manteiga
- 150 gr de farinha
- 2 colheres de cacau
- 1 pitada de fermento em pó
- 50 g de açúcar de confeiteiro
- 1 pitada de sal
- 1 unidade de ovo
- 2 colheres de café (forte)

**Preparação**

1. Para os biscoitos de xícara de café, corte a manteiga em pedaços pequenos. Peneire a farinha, o fermento e o cacau. Misture todos os ingredientes com sal e açúcar de confeiteiro, bata o ovo e misture no café e amasse rapidamente até formar uma massa lisa. Deixe descansar na geladeira por cerca de 1 hora.
2. Abra a massa em uma superfície enfarinhada e corte os corações com um cortador de biscoito de caneca disponível no mercado e coloque em uma assadeira forrada com papel manteiga.
3. Asse os biscoitos de xícara de café no forno pré-aquecido a 180°C por cerca de 10 minutos.

## 79. Bolo de gelatina de mármore cappuccino

**Ingredientes**

- 125g de manteiga
- 150 gramas de açúcar
- 4 ovos
- 1 pacote de açúcar de baunilha
- 1 pitada de sal
- 250 g de farinha (lisa)
- 1/2 pacote de fermento em pó
- 2 colheres de leite
- 4 colheres de capuccino em pó
- Açúcar de confeiteiro (para polvilhar) Preparação

1. Para o ugelhupf de mármore cappuccino, primeiro bata a manteiga até ficar espumosa. Misture metade do açúcar com a gema de ovo e o açúcar de baunilha separadamente até ficar espumoso. Misture as duas massas.
2. Peneire a farinha com o fermento. Bata as claras em neve com o restante do açúcar e uma pitada de sal até ficarem firmes. Mexa cuidadosamente em ambos alternadamente.
3. Transfira metade da massa para uma segunda tigela. Misture o pó de cappuccino com o leite até não ver mais grumos. Misture metade da massa.
4. Unte e enfarinhe uma forma (ou polvilhe com farinha de rosca). Primeiro despeje a massa clara, depois a massa escura e passe por ela com um palito para criar um marmoreio.
5. Asse a 150°C no forno pré-aquecido por cerca de 50 minutos.
6. Desenforme o bolo de gelatina de mármore de cappuccino e polvilhe com açúcar de confeiteiro.

## 80. Café de abacate em um copo

**Ingredientes**

- 4 abacates (pequeno, maduro)
- 4 colheres de sopa de leite de amêndoa (doce)
- 4 colheres de chá de sementes de chia
- 1 pitada de canela em pó
- 200 g de iogurte (10% gordura)
- 600ml de café

**Preparação**

1. Corte os abacates ao meio, retire o caroço e retire a polpa da pele.

2. Bata com o leite de amêndoas e as sementes de chia e tempere com canela.
3. Divida a mistura de abacate em 4 copos com alças. Coloque o iogurte por cima e despeje lentamente o café acabado de fazer (de preferência da máquina totalmente automática) sobre as costas de uma colher.
4. Coloque um canudo e sirva.

# LANCHES

## 81. Fatias de creme

**Ingredientes**

- 1 colher de manteiga
- 3 colheres de açúcar
- 200 g de chantilly
- 200ml de leite
- Preparação do pão branco (do dia anterior)

1. Caramelize 1 colher de sopa de manteiga e 3 colheres de sopa de açúcar em uma panela.
2. Em seguida, despeje o creme de leite e o leite. Leve ao fogo até que o açúcar se dissolva.
3. Corte o pão em fatias e toste em um pouco de manteiga clarificada dos dois lados até dourar. Coloque as fatias de pão em uma tigela e despeje a mistura de leite e açúcar sobre elas.
4. Disponha quente em um prato e sirva com café ou vinho doce (Trockenbeerenauslese).

## 82. Bolo de frutas

**Ingredientes**

- 150 gr de manteiga
- 100 g de açúcar em pó
- 3 gemas
- 2 claras de ovo
- 50 g de açúcar granulado
- 180 g de farinha (lisa)
- 4g fermento em pó
- 100ml de leite
- 100 gr de passas
- 50 g de casca de limão (picada)
- 50 g de aranzini (picado)

- 50 g de chocolate de cozinha (picado)
- Baunilha (ou outros açúcares)
- Casca de limão (ralada)
- sal

**Preparação**

1. Misture a manteiga com o açúcar em pó, uma pitada de sal, a polpa de baunilha ou o açúcar e a raspa de limão até ficar espumoso. Aos poucos, misture as gemas. Bata as claras com o açúcar granulado para fazer neve. Dobre na mistura de manteiga. Misture a farinha com o fermento, misture e despeje o leite. Junte as passas, as raspas de limão, o aranzini e o chocolate. Despeje a mistura em uma forma de gugelhupf untada com manteiga e polvilhada com farinha. Asse em forno pré-aquecido a 160°C por cerca de 55 minutos.

## 83. Muffins de caipirinha

**Ingredientes**

- 300 gr de farinha
- 1 1/2 colheres de chá de fermento em pó
- 1/2 colher de chá de bicarbonato de sódio ☐ 1 Não.
- 300 g de iogurte (natural)
- 150 gramas de açúcar
- 100ml de óleo
- 4 limões
- 50 ml de rum (branco ou cachaça)
- 50g de chocolate (branco)
- 1 colher de sopa de rum (branco)
- alguma gordura (para a forma) Preparação

2. Para os muffins de caipirinha, misture primeiro a farinha com o fermento e o fermento.
3. Pré-aqueça o forno a 200°C.
4. Misture o ovo, o iogurte e o açúcar em uma tigela. Lave bem os limões, esfregue a casca e esprema.
5. Misture o suco e as raspas de 3 limões com rum branco. Adicione a mistura de farinha e mexa até ficar úmido. Unte as 12 forminhas de muffin e despeje a massa. Asse os muffins por cerca de 25-30 minutos. Esprema mais meio limão e corte tiras finas da casca.
6. Corte o chocolate em pedaços e derreta. Junte o suco e o rum e espalhe sobre os muffins ainda quentes.

## 84. Bolas Energéticas de Manga e Coco

**Ingredientes**

- 100 g de manga Seeberger (frutas secas)
- 200 g de tâmaras Seeberger (sem caroço)
- 75 g de mistura de trilha Seeberger
- 70 ml de água ▢ 2 colheres de sopa de flocos de coco ▢ Para enrolar:
- 2 colheres de sopa de preparação de flocos de coco

1. Para as Bolas Energéticas de Manga e Coco, ferva a água.
2. Junte todos os ingredientes e bata bem no liquidificador. Dependendo da consistência

desejada, pode-se adicionar um pouco mais de água.
3. Umedeça as mãos e forme bolas do mesmo tamanho com a mistura.
4. Em seguida, enrole em flocos de coco.
5. Leve à geladeira por algumas horas.

## 85. Mingau de Centáurea e Margarida

**Ingredientes**

- 1 maçã (pequena)
- 12 colheres de aveia
- 400ml de leite
- 3 colheres de chá de mel
- 6 colheres de chá de flores de centáurea (secas)
- 2 colheres de margaridas

**Preparação**

1. Descasque a maçã, retire o miolo e esfregue no lado grosso do ralador.

2. Coloque a maçã ralada, os flocos de aveia e o leite em uma panela e cozinhe mexendo até que o mingau tenha a consistência desejada.
3. Adicione o mel e as flores de centáurea e mexa. Preencha em tigelas e polvilhe com as margaridas.

## 86. Pudim de Colomba com Café

**Ingredientes**

- 6 fatias de colomba picada
- 150 ml de Café Premium 3 Corações preparado com 150 ml de água e 2 colheres de café
- 100ml de suco de laranja
- 1 colher de sopa de raspas de laranja
- 1 colher de sopa de manteiga em pomada
- Canela em pó a gosto
- 1 colher de sopa de açúcar granulado com canela a gosto

**Preparação**

1. Coloque os pedaços de Colomba em uma tigela. Adicione o café, a manteiga, o sumo de laranja e as raspas. Por último, coloque a canela.
2. Misture bem e coloque tudo em uma forma forrada com papel manteiga. Polvilhe o açúcar com canela antes de levar ao forno pré-aquecido (180°C) por 40 minutos.

## 87. Manteiga de Amendoim e Sanduíche Expresso

**Ingredientes**

- 1 copo de 200 gramas de manteiga de amendoim
- 1 xícara de café expresso (ou coado forte)
- 1 copo de geleia de frutas vermelhas
- Fatias de pão de sua preferência

**Preparação**

1. Espalhe a manteiga de amendoim com o café no processador de alimentos.
2. Prepare o sanduíche espalhando a manteiga de amendoim e o café em uma fatia e a geleia de

frutas vermelhas na outra. Adicione as fatias a um sanduíche e pronto!

## 88. Doce de Leite e Torta de Café

**Ingredientes (massa)**

- 200 gramas de biscoito maizena triturado
- 100 gramas de manteiga
- ½ xícara de café Pimpinela Golden coado quente
- 1 colher de chá de fermento químico

**Preparação**

1. Pré-aqueça o forno a 180°.
2. Derreta a manteiga no café e incorpore aos poucos com o biscoito triturado já misturado

com o fermento. Forre uma forma de aro removível (20 cm de diâmetro) até uma altura de 1/2 cm. Asse por 30 minutos.
3. Retire e espere esfriar.

## 89. Barra de chocolate com amendoim

**Ingrediente**

- 250 gramas de chocolate misturei chocolate ao leite e amargo
- 400 gramas de farinha
- 1 colher de chá de fermento em pó
- Quebre 250 gramas de manteiga
- Aveia 300 gramas
- 100 gramas de açúcar mascavo
- 100 gramas de nozes salgadas e picadas, de preferência uma mistura
- 2 ovos pequenos

*Para creme*

- 80 gramas de manteiga de amendoim crocante
- Leite condensado 200ml
- 200 ml de leite de donzela doce e leite condensado cremoso

**Preparação**

1. Pique dois tipos de chocolate, não muito fino, não muito grosso. Use fermento em pó e manteiga para processar a farinha em uma massa quebradiça. Adicione a aveia, o açúcar mascavo e as nozes picadas e misture tudo.
2. Coloque uma porção das migalhas de pão (cerca de um quarto) com chocolate picado em uma segunda tigela. Você não precisa mais dessa mistura.
3. Junte os ovos às restantes migalhas, misture tudo e coloque a massa num tabuleiro forrado com papel vegetal como base. Empurre para baixo com firmeza - Coloque um pequeno rolo de massa sobre ele para que tudo fique uniforme e liso. Asse a massa a 180 graus para cima e para baixo por cerca de 15 minutos.
4. Misture o leite condensado e o leite condensado com a manteiga de amendoim. Pode não ser necessário misturar o leite condensado normal com um leiteiro levemente

gorduroso. No entanto, os melhores resultados foram obtidos em termos de consistência e sabor.
5. Despeje a mistura de amendoim e leite em uma base recém-assada e levemente resfriada. É relativamente fluido! Polvilhe o restante da massa e da mistura de chocolate no crumble, pressione um pouco e leve ao forno por cerca de 20 minutos. Encontrar o momento certo para remover não é fácil. É melhor retirá-lo do forno um pouco mais rápido. Porque fica frio e tudo fica mais difícil. Corte-o em uma barra ou quadrado e divirta-se!

## 90. Biscoitos de café

**ingredientes**

Para a massa:

- 160 gr de farinha
- 80 g de açúcar em pó
- 80 g de nozes
- 1 filha ☐ 1 colher de sopa de rum
- 120 gr de manteiga
- 2 colheres de café (forte) Para o creme:

- 80 g de manteiga (suave)

- 80 g de açúcar em pó ☐ 2 colheres de café (forte)
- 1 colher de sopa de rum Para a cobertura:
- 70 g de açúcar em pó
- 2 1/2 colheres de café
- 1 gota de preparação de óleo (óleo de coco)

1. Processe todos os ingredientes em uma massa e leve à geladeira por 1 hora.
2. Abra a massa e corte círculos e leve ao forno a 175°C por cerca de 8 minutos.
3. Para o creme, bata a manteiga com o açúcar até ficar espumosa e, em seguida, misture lentamente o rum e o café.
4. Recheie os biscoitos resfriados com o creme.
5. Para o glacê, misture tudo até obter uma massa espalhável.
6. Pincele os biscoitos de café com glacê e decore com um grão de mocha.

## 91. Esmalte de café

**ingredientes**

- 250 g de açúcar em pó
- água quente
- café reduzido
- 1 colher de sopa de preparação de leite

1. Para a calda de café, ferva o café e reduza-o lentamente em uma panela até formar uma massa viscosa. Isso dá ao esmalte sua bela cor marrom mocha.
2. Agora mexa lentamente a água e o café no açúcar em pó peneirado até formar uma

mistura lisa e líquida. Por fim, misture o leite na calda de café.

## 92. Café Busserl

**ingredientes**

- 4 pedaços de claras de ovo (120 g)
- 1 pacote de waffles (40 mm de diâmetro)
- 4 colheres de sopa de moca
- 200 g de preparação de açúcar em pó

(açúcar em pó)

1. Separe os ovos para os chips de café. Misture a clara de ovo, o açúcar e o mocha e bata bem

em banho-maria. Retire do banho-maria e continue batendo até que a mistura esfrie.
2. Coloque os waffles em uma assadeira forrada de pergaminho e aplique a mistura em pequenas porções nos waffles usando um saco de enchimento de pele. Deixe uma pequena borda do waffle ao redor da massa - os pães ainda sairão enquanto assam. Se você não tiver waffles em casa, pode aplicar o Busserl diretamente no papel manteiga.
3. Asse os grãos de café a aprox. 150 ° C por aprox. 30 minutos.

## 93. Biscoitos Mocha

**ingredientes**

*Massa Mocha:*

- 125 g de manteiga ▢ 90 g de açúcar ▢ 1 No.
- 110 gr de farinha
- 60 g de avelãs (moídas)
- 2 colheres de café instantâneo em pó

*Esmalte:*

- 125 g de açúcar em pó
- 2 colheres de café em pó instantâneo
- 3-4 colheres de sopa de água

**preparação**

1. Para os biscoitos mocha, misture a manteiga e o açúcar até ficar espumoso e, em seguida, misture o ovo.
2. Junte a farinha e as avelãs. Dissolva o café em um pouco de água e misture. Coloque pequenos montes com 2 colheres de chá na assadeira e leve ao forno por 8-10 minutos a 200°.
3. Deixe esfriar. Misture o açúcar de confeiteiro com o café e a água até formar um glacê. Coloque um pouco de glacê em cada biscoito e decore com um grão de café.

## 94. Espresso-Brownies

**ingredientes**

- 500 gr de chocolate amargo
- 75 ml de espresso (cozido na hora)
- 300g Manteiga
- 500 g de açúcar (mascavo)
- 6 ovos (temperatura ambiente e médio)
- 250 g Mehl
- 2 pitadas de sal
- 4 colheres de sopa de grãos de café expresso (inteiros)
- Manteiga (para a assadeira)
- Farinha (para a assadeira)

**preparação**

1. Para os brownies de café expresso, pique o chocolate. Leve ao fogo o espresso, a manteiga e o açúcar e reserve. Junte 400g de chocolate e deixe derreter. Em seguida, deixe esfriar por cerca de 10 minutos. Pré-aqueça o forno a 180°C. Unte uma assadeira e polvilhe com farinha.
2. Misture 1 ovo após o outro na mistura de chocolate por aprox. 1 minuto. Misture a farinha, o sal e o restante do chocolate. Espalhe a massa na assadeira e polvilhe com grãos de café expresso. Leve ao forno a 160°C por cerca de
3. 25 minutos.
4. Deixe esfriar e corte os brownies de café expresso em pedaços grandes.

## 95. Licor de café com baunilha

**ingredientes**

- 75 gr de grãos de café
- 175 g de bombom
- 2 vagens de baunilha
- 700 ml de preparação de rum marrom

(40% vol.)

1. Para o licor de café, coloque os grãos de café em um saco de congelação e esmague-os com um martelo, mas não os triture.
2. Despeje o açúcar mascavo e as favas de baunilha cortadas em uma garrafa limpa e fervida. Despeje o rum e feche bem a garrafa.

3. Coloque o licor no congelador por 1 semana e agite vigorosamente todos os dias. Passe por uma peneira fina e despeje de volta em uma garrafa. Armazene o licor de café em um local fresco e mantenha-o por 2-3 meses.

## 96. Cobertura de creme de castanha no café com especiarias

**ingredientes**

- 200 g de puré de castanha (ou arroz de castanha)
- 200ml de natas batidas
- 100ml de leite
- 24 g de preparação de açúcar de confeiteiro

1. Para a cobertura de creme de castanhas, misture bem todos os ingredientes até que o

açúcar de confeiteiro se dissolva e se forme uma mistura cremosa.

2. Despeje a mistura em um Whipper iSi de 0,5 L, enrosque um carregador de creme iSi e agite vigorosamente. Leve à geladeira por 1-2 horas.

3. Adicione 1 colher de chá de açúcar de baunilha, $\frac{1}{2}$ colher de chá de casca de laranja e uma pitada de canela, gengibre e cardamomo em uma xícara. Despeje o café acabado de fazer por cima. Sirva quente com a cobertura e desfrute imediatamente

## 97. Pirulitos de café

**ingredientes**

- 160 g de mascarpone
- 1 colher de café expresso
- 1 colher de café de licor
- 150 g de palitinhos (finamente esfarelados)
- 110 g de cobertura (branco)
- algumas gotas de óleo
- 50 g de preparação de cobertura (escuro)

1. Para os cake pops de café, misture primeiro o mascarpone com o café e o licor de café. Em seguida, misture as migalhas de biscoito para que se forme uma massa sólida que possa ser facilmente moldada em bolas e não grude nas mãos. Faça bolinhas do mesmo tamanho e leve à geladeira por cerca de meia hora.
2. Enquanto isso, derreta a cobertura branca com algumas gotas de óleo em banho-maria. Mergulhe as hastes em uma extremidade e insira-as nas bolas. Coloque em um lugar fresco até que o chocolate esteja bem seco.
3. Em seguida, pincele os cake pops com a cobertura leve, virando-os constantemente. Resfrie novamente por cerca de meia hora para que o esmalte seque bem.
4. Entretanto, derreta a cobertura escura com um pouco de azeite. Escorra a parte superior dos cake pops e deixe os cake pops de café secarem novamente em um local fresco antes de comer.

## 98. Café gelado com anis e alcaçuz

**ingredientes**

- 6 cápsulas Nespresso
- 1 colher de chá de sementes de anis (pequenas; moídas)
- 1 pau (s) de alcaçuz
- 1 colher de sopa de mel ▢ 7 folhas de hortelã (frescas) ▢ Material do cubo de gelo:
- 2 esmaltes de água (110 ml)
- 1 copo

**preparação**

1. Prepare 6 expressos com o café Nespresso de sua escolha.
2. Coloque os espressos junto com as sementes de anis moídas, os dois pedaços de raiz de alcaçuz e o mel em uma jarra de vidro fria. Deixe em infusão por 10 minutos.
3. É melhor colocar o jarro em um balde com cubos de gelo para esfriar a mistura.
4. Despeje em copos gelados e decore com folhas de hortelã fresca, meia raiz de alcaçuz e alguns cubos de gelo.

## 99. Rocambole de café

**ingredientes**

- bolacha

*Para o recheio:*

- 125ml de café
- 125ml de água
- 100 g de açúcar granulado
- 50 gr de farinha
- 1 pacote de açúcar de baunilha
- 1 dose de licor de café (a gosto)
- 1 gema de ovo
- 250 g de manteiga (temperatura ambiente) preparação

1. Para o rocambole de café, prepare primeiro o pão de ló de acordo com a receita básica. Depois de assado, enrole com um pano de prato limpo e seco e deixe esfriar.
2. Enquanto isso, misture todos os ingredientes do creme e leve ao fogo em uma panela, mexendo sempre, e deixe engrossar até que o creme tenha a consistência de um pudim. Retire do fogão e deixe esfriar. Em seguida, misture a manteiga.

3. Com cuidado, abra novamente o pão de ló, espalhe o creme por cima e enrole o rocambole novamente.
4. Sirva o rocambole de café.

## 100. Pudim de café

**ingredientes**

- 1/2 l de leite (1%)
- 1 pacote de pudim de baunilha em pó
- Perder 1 colher de café
- 2 colheres de rum
- Preparação de adoçante (conforme necessário)

1. Para o pudim de café, misture o pó de pudim com um pouco de leite.
2. Ferva o restante do leite, misture o café, o rum e o adoçante. Leve o pudim misturado para ferver e despeje em tigelas de sobremesa.

## CONCLUSÃO

São receitas charmosas e diversas que vão auxiliar os amantes de café com seu sabor incrível e marcante que está cada vez mais presente no dia a dia. Escolha o seu favorito e coma bem!

www.ingramcontent.com/pod-product-compliance
Lightning Source LLC
Chambersburg PA
CBHW050026130526
44590CB00042B/1934